KB185127

## 인생고전 라이팅북

'내 인생의 고전'을 필사하는 책, '인생고전 라이팅북' 시리즈는 현대인에게 가장 사랑받는 고전과 사상가들을 선정하여 그 핵심 메시지를 독자들이 직접 글로 쓰는 경험을 선사하며, 깊이 있는 인문교양 지식도 함께 전달합니다. '인생고전 라이팅북' 시리즈를 통해 평생 간직하고 싶은 소중한 글들을 필사하고 고전의 지혜와 통찰을 삶에 새길 수 있을 것입니다.

• 1권 《내 삶에 새기는 쇼펜하우어》 (박찬국 편역)

# Friedrich Nietzsche

**일러두기**

이 책에 수록된 잠언은 니체의 대표작 《차라투스트라는 이렇게 말했다*Also sprach Zarathustra*》,《인간적인 너무나 인간적인*Menschliches, Allzumenschliches*》,《반시대적 고찰 *Unzeitgemäße Betrachtungen*》,《즐거운 학문*Die fröhliche Wissenschaft*》,《선악의 저편*Jenseits von Gut und Böse*》 등에서 엄선하여 번역했다.

Friedrich Nietzsche

# 내 안의
# 고귀함을 깨워줄
# 니체 필사

박찬국(서울대 철학과 교수) 편역

인생고전 라이팅북

*Also sprach Zarathustra*

*Menschliches, Allzumenschliches*

*Unzeitgemäße Betrachtungen*

*Die fröhliche Wissenschaft*

*Jenseits von Gut und Böse*

*Nachlaß*

*Ecce homo*

*Morgenröte*

*Der Wille zur Macht*

*Götzen-Dämmerung*

*Zur Genealogie der Moral*

*Nietzsche contra Wagner*

*Briefe*

위즈덤하우스

# 누구보다 삶을 사랑했던
# 위험한 철학자, 니체

### 니체 열풍은 왜 계속되는가?

니체는 동서양 철학자 중에서 사람들의 가장 많은 관심과 사랑을 받는 철학자입니다. 니체의 대표작 《차라투스트라는 이렇게 말했다》는 누구나 한 번쯤 펼쳐 본 경험이 있을 것입니다. 니체가 45세의 나이에 광기에 빠진 이후 유럽 전역에서 시작된 니체 열풍은 아직도 전 세계적으로 계속되고 있습니다.

니체는 왜 이렇게 많은 관심과 사랑을 받을 수 있었을까요? 그것은 '초인이 돼라'는 니체의 말에서 보듯이, 니체가 우리 안의 천민 근성이나 속물 근성을 신랄하게 비판하면서 우리 내면의 고귀한 잠재력을 일깨우기 때문이 아닐까요?

《차라투스트라는 이렇게 말했다》에는 원래 부유했지만 자원해서 거지의 삶을 택한 자에 관한 이야기가 나옵니다. 그는 모든 재산을 포기한 대신에 온몸에서 온유함과 자비가 느껴질 정도로 크나큰 마음의 평화와 충만함을 얻었습니다. 그는 재물에 대한 탐욕에서 벗어났을 때 얻게 되는 이러한 마음의 평화와 충만함을 가난한 사람들에게 전하려고 했습니다.

그러나 그는 곧 가난한 사람들이 그런 것을 원하지 않는다는 사실을 깨닫고 실망합니다. 가난한 사람들도 부자들 못지않게 큰 부를 갈망하고 있었고 부자들에 대한 원한과 시기로 가득차 있었습니다. 그러면서도 그들은 자신들이야말로 지상에서 가장 선하고 정의로운 자라는 거짓된 긍지를 갖고 있었습니다. 자원해서 거지가 된 자는 이렇게 말합니다.

한없는 탐욕, 분노가 서린 질투, 원한으로 가득 찬 복수심, 천민의 긍지, 이런 것들을 나는 분명하게 목격했다. 가난한 자에게 복이 있다는 것은 이제는 더 이상 진실이 아니다.

그러나 자원해서 거지가 된 자는 가난한 자들뿐 아니라 부자들에 대해서도 구토를 느낍니다.

차가운 눈과 탐욕스러운 마음으로 온갖 쓰레기에서 자신의 이익을 주워 모으는 부의 죄수들에 대한 구토가 아니었던가? 하늘을 향해서 악취를 풍기는 이들 천민에 대한 구토가 아니었던가? 이 도금되고 위장된 천민들에 대한 구토가 아니었던가?

'도금되고 위장된 천민들'이라는 말은 부자들은 화려하게 자신들을 장식하고 있어도 내면은 천민이라는 의미입니다. 자원해서 거지가 된 자는 '위에도 천민! 아래도 천민!'이라고 부르짖습니다.

이러한 천민적인 부자들과 가난한 자들 외에도《차라투스트라는 이렇게 말했다》에는 말세인에 대한 이야기가 나옵니다. 이들은 부자도 가난한 자도 되지 않고 사회의 기존 질서와 가치 그리고 권력에 순응하면서 소시민적인 안락을 탐하는 인간입니다. 니체는 자신을 극복하고 높은 존재가 되려는 의지를 포기한 구제 불능의 인간이라는 점에서 이들을 말세인이라고 부릅니다. 니체는 말세인을 모든 것을 작게 만드는 벼룩 같은 인간이라고 부릅니다. 니체가 천민이라고 부르는 인간에는 말세인들도 포함됩니다.

'자원해서 거지가 된 자'가 말하는 것처럼 부유한 사람이나 가난한 사람 모두가 천민적인 인간은 아닐 것입니다. 부자라도 탐욕에 사로잡히지 않고 베풀며 사는 사람이 있을 수 있고, 가난한 사람이라도 부자들에 대한 원한에 사로잡히지 않고 자기 삶에 자족하는 사람이 있을 것입니다. 또한 현대인 모두가 말세인처럼 소시민적인 안락만을 탐하지는 않을 것입니다. 그 와중에 기존 질서와 투쟁하는 사람들도 있고 무언가 의미 있는 것을 성취하기 위해 모험적이고 위험한 삶을 택한 사람들도 있을 것입니다.

그러나 우리는 부자들이나 가난한 사람들 그리고 말세인들에 대한 니체의 비판을 우리 내면의 천민 근성에 대한 비판이라고도 볼 수 있습니다. 물질에 대한 탐욕이나 자신보다 부유하거나 사회적으로 성공한 사람들에 대한 질시나 시기 그리고 소시민적인 안락을 탐하는 마음을 전혀 갖지 않는 사람은 없을 것입니다. 따라서 우리는 현대인들에 대한 니체의 비판을 우리 내면의 천민 근성을 극복하라는 호소라고 볼 수 있습니다.

언뜻 보기에 니체는 현대인들에 대해서 무척 비판적인 견해를 갖고 있는 것처럼 보입니다. 그러나 니체가 우리 내면의 천민 근성을 비판하는 것은 우리가 천민적인 삶을 넘어서 더 높은 삶을 살고 싶어 하는 욕망과 이러한 욕망을 실현할 수 있는 잠재적인 능력을 갖고 있다고 보았기 때문입니다. 니체는 이렇게 자신을 보다 높은 존재로 고양하고 싶어 하는 욕망을 '힘에의 의지'라고 불렀습니다. 니체는 우리 내부에 존재하는 힘에의 의지를 일깨우면서 천민을 넘어선 인간, 즉 '초인'이 될 것을 요구합니다.

　현대인들에 대한 니체의 비판을 군이 접하지 않았더라도 누구든 자신의 천민적인 삶에 염증을 느낀 적이 있을 것이고 '이렇게 사는 것이 무슨 의미가 있는가'라는 회의에 사로잡힌 적도 있을 것입니다. 니체가 죽은 해는 20세기가 시작하는 첫해, 즉 1900년이었으니 니체가 죽은 지 이미 120년이 넘었음에도 사람들이 그에게 매료되는 것은 니체가 이렇게 우리 내면에 잠들어 있는 고귀한 잠재력을 일깨우기 때문일 것입니다.

　끊이지 않는 니체 열풍으로 인해 시중에는 니체의 책들 여기저기에서 뽑아낸 단편들을 모은 책들이 '니체의 잠언록'이란 이름으로 줄기차게 팔리고 있습니다. 이런 잠언록들은 니체의 핵심 사상은 전혀 고려하지 않고 사람들에게 강한 인상이나 위로를 줄 수 있는 잠언들을 단순히 모아 놓은 경우가 많습니다. 따라서 이런 잠언록을 읽고서는 니체의 핵심 사상을 이해할 수 없습니다.

　저는 우리가 살아가는 데 직접적으로 도움이 되는 니체의 잠언들을 모으면서도 니체의 핵심 사상을 독자들에게 명료하게 전할 수 있는 잠언록을 만들고 싶었습니다. 이에 따라 니체의 핵심 사상과 관련된 잠언들을 주요 키워드별로 분류하고 간략한 해설을 붙였습니다. 니체 철학의 주요 키워드로 우리는 '자기애', '자기 극복', '초인', '고귀한 인간', '힘에의 의지', '운명애', '영원회귀', '동정 비판', '우정'을 들 수 있습니다. 니체의 철학이 하나의 통일된 전체를 이루고 있듯이, 이러한 키워드들 역시 모두 서로 긴밀한 연관을 갖고 있습니다. 따라서 독자들은 이 책에 수록된 잠언들을 읽으면서 니체의 핵심 사상을 파악할 수 있을 것입니다. 또한 다른 니체 해설서들과는 달리 니체의 육성肉聲을 직접 들으면서 자신의 삶을 돌이켜볼 기회를 갖게 될 것입니다.

철학의 모든 물음은 결국 '인간이란 어떤 존재이고 인생은 무엇인가'라는 물음으로 귀착됩니다. 그런데 철학 이외에 인간과 인생을 다루는 모든 학문은 인간과 인생의 부분만을 다룹니다. 예를 들어 경제학은 인간의 경제 활동만을 다루고 정치학은 인간의 정치적인 행위만을 다룹니다. 이에 반해 철학은 전체로서의 인간과 인생을 다룹니다. 우리는 인생의 어느 시점에 자신의 삶을 돌이켜보면서 '나란 무엇이고 나의 인생은 무엇인가'라는 물음에 사로잡힙니다. 이러한 물음은 나라는 인간과 나의 인생 전체에 대한 물음이기에 철학이야말로 이러한 물음에 도움이 될 수 있습니다. 독자 여러분도 니체의 잠언들을 필사하면서 이와 같은 물음에 답을 찾아낼 수 있길 기대합니다.

## 불행했지만 자신의 삶을 긍정했던 니체

니체는 1844년 10월 15일 독일 라이프치히 근처의 뢰켄이란 작은 마을에서 태어났습니다. 아버지는 루터교 목사였고 어머니 역시 목사의 딸이었습니다. 이렇게 독실한 기독교 집안에서 자란 니체의 어린 시절 꿈은 목사가 되는 것이었습니다.

니체는 우리 인간의 정신은 낙타의 정신과 사자의 정신 그리고 아이의 정신이라는 세 가지 단계를 거친다고 보았습니다. 낙타의 정신은 전통적인 권위와 가치에 순종하는 정신이며 사자의 정신은 그것에 반항하는 정신입니다. 아이의 정신은 전통적 권위와 가치에 매이지 않고 인생을 유희하듯이 경쾌하게 살아가는 정신입니다.

니체 역시 어린 시절에는 낙타의 정신으로 살았다고 볼 수 있습니다. 부모와 사회의 권위를 인정하면서 부모와 사회가 주입한 기독교라는 종교를 자신이 당연히 믿어야 할 것으로 받아들였기 때문입니다. 역설적인 사실은 이런 니체가 말년에 그리스도의 적을 자처하면서《안티크리스트》라는 책을 쓸 정도로 기독교를 신랄하게 비판하면서 거부하게 된다는 것입니다. 사실 니체는 김나지움(중·고등학교 통합과정)에 들어간 지 얼마되지 않아 기독교 신앙을 잃어버리게 됩니다. 니체는 사춘기에 접어들 무렵부터 부모와 사회의 전통적인 종교와 가치에 저항하는 사자의 정신이 된 것입니다.

대학에 들어간 후 니체는 그리스·로마의 고전을 연구하는 학문인 고전 문헌학을 전공합니다. 그리고 불과 24세의 나이로 지도 교수인 리

츨 교수의 추천으로 스위스 바젤 대학의 교수가 되었습니다. 리츨은 추천서에서 니체에 대해 이렇게 말하고 있습니다.

> 나는 젊은 나이임에도 이렇게 성숙한 청년을 본 적이 없다. 니체는 천재다. 그는 자신이 하고자 하는 일은 무엇이든 능히 성취할 수 있을 것이다.

그러나 니체는 교수가 된지 10년 만에 건강상의 이유로 사직하게 됩니다. 니체는 종합 병원이라고 할 수 있을 정도로 온갖 질병에 시달렸습니다. 고질적인 극심한 두통으로 어떤 때는 200여 일 가까이 무기력한 상태로 있기도 했으며, 위장병과 안질 그리고 만성적인 불면증으로 인해 고통을 받았습니다. 안질로 인해 시력이 악화되면서 거의 맹인이 될 정도의 위기를 겪기도 했습니다.

교수직을 그만둔 후 니체는 사색과 저술에 몰두하지만, 이 기간도 10년 정도밖에 지속되지 못했습니다. 니체는 45세 때 이태리의 토리노에서 마부가 말을 잔인하게 채찍질하는 것을 말리다가 졸도한 후 미치게 됩니다. 그 후 니체는 더이상 정상을 회복하지 못했습니다. 니체는 어머니와 누이동생의 간호를 받으면서 10여 년을 보낸 후 조용히 숨을 거두었습니다.

니체가 미치게 된 원인에 대해서는 아직 정설이 없습니다. 최근에는 니체가 평소에 앓고 있었던 조울증이 조광증躁狂症으로 악화되면서 미치게 되었다는 설이 상당히 설득력이 있는 것으로 제기되고 있습니다. 조울증은 기분이 고조되는 조증躁症과 기분이 저하되는 울증鬱症이 서로 번갈아 가면서 일어나는 병입니다. 그런데 울증보다는 조증이 더 위험하고, 조증이 악화되면 조광증이 된다고 합니다.

니체는 미치기 몇 년 전부터 소수의 사람 사이에서 알려지기 시작했습니다. 그러나 광기에 빠진 후 니체는 순식간에 유럽 전역에서 유명해지게 되었고 니체라는 이름은 유럽 전역을 뒤흔들게 됩니다. 1차 세계대전 당시 독일 청년들은 전쟁터에 나갈 때 모두 《차라투스트라는 이렇게 말했다》를 배낭 속에 넣고 갔다고 하지요. 니체가 죽은 후 20년이 채 안 돼 니체는 신화적인 인물이 된 것입니다.

니체의 철학에 대해 처음으로 공개 강연을 했던 덴마크의 철학자 브란데스는 니체를 이렇게 평하고 있습니다.

나는 니체가 동시대를 살아가는 가장 위대하고 가장 독창적인 인물들에 속한다는 사실을 재빨리 이해했다. 나의 친구들 중에 그 사람만큼 의미심장하거나 독립적인 친구들은 입센과 이폴리트 텐뿐이었다는 것은 분명하지만, 그들마저도 그 사람만큼 급진적이지 않았으며 그 사람만

큰 강대한 매력과 굴하지 않는 대담성을 겸비하지 못했다.

니체가 아무리 천재라 할지라도 니체와 같은 삶을 살고 싶은 사람은 없을 것입니다. 앞에서 언급했듯이 그는 온갖 질병에 시달렸습니다. 책을 출판해주려는 출판사가 없어서 자비로 출판한 경우도 있을 정도로 책도 거의 팔리지 않았습니다. 그는 루 살로메와 같은 여인들에게 청혼했지만 거절당했습니다. 그리고 마지막 10년은 광기에 빠져 있었지요.

이렇듯 불행하다고 할 수 있는 삶이었지만 니체는 '운명을 사랑하라'고 말하면서 자신의 삶을 긍정했습니다. 니체의 삶이 순탄하고 영광스럽기만 것이었다면 '운명을 사랑하라'는 니체의 말은 설득력을 갖기 어려웠겠지요. 아마도 사람들은 '네 운명 같으면 나도 사랑하겠다'고 코웃음을 칠 것입니다.

## 다이너마이트 니체

니체는 자신을 다이너마이트라고 부르고 있습니다. 자신은 서양을 2500년에 걸쳐서 지배해온 플라톤적인 형이상학과 기독교를 파괴하려는 자라는 것입니다. 그러나 니체는 비단 플라톤적인 형이상학과 기독교만을 파괴하려고 할 뿐 아니라 그것들의 영향 아래 있는 서양철학과 서양문화

전체를 파괴하려고 합니다. 니체는 칸트의 철학이든 헤겔의 철학이든 마르크스의 철학이든 결국 기독교의 영향 아래 있다고 보았으며 현대의 민주주의와 사회주의와 같은 정치적 이념도 모두 기독교의 영향 아래에 있다고 보았습니다. 서양철학의 역사에서 니체만큼 철저하게 전통을 파괴하려고 한 사람은 없습니다.

플라톤적인 형이상학과 기독교는 세계를 영원불변한 참된 세계와 생성 소멸하는 거짓된 세계로 나누었습니다. 플라톤은 피안의 참된 세계에는 영원불변한 이데아들이 존재한다고 본 반면에, 우리가 살고 있는 이 세계는 이데아들의 모사라고 할 수 있는 불완전한 사물들이 끊임없이 생성 소멸하고 있다고 보았습니다. 기독교 역시 세계를 지복으로 가득 찬 피안과 눈물의 골짜기라고 할 수 있는 차안으로 나누면서, 피안에는 영원한 행복만이 존재하는 반면에 차안에는 슬픔과 고통만이 존재한다고 봅니다.

세계를 이렇게 둘로 나누는 것처럼 플라톤적 형이상학과 기독교는 인간도 두 부분으로 나눕니다. 즉 그것들은 인간도 사멸할 수밖에 없는 육신과 영원불멸의 영혼으로 나누어져 있다고 봅니다. 그리고 육신과 육신과 결부된 감각적인 욕망과 충동들은 불순하고 타락한 것인 반면에 영혼은 선하고 순수한 것으로 봅니다. 이에 따라 플라톤적 형이상학과 기독교는 영혼이 육체적인 욕망과 충동에 물들지 않도록 경고하는 것을 넘어서 그러한 욕망과 충동을 근절할 것을 요구합니다.

플라톤적인 형이상학과 기독교를 규정하고 있는 이원론적 사고방식은 결국 감각적인 욕망과 세속적인 기쁨을 죄악시하고 금기시하는 금욕주의를 낳게 됩니다. 그런데 성욕이나 향락에 대한 욕망, 소유욕이나 명예욕 그리고 남보다 우월한 존재가 되고 싶어 하는 욕망은 인간의 자연스런 욕망이며 근본적으로 근절될 수 없다는 것이 니체의 생각입니다. 이러한 욕망들을 근절해야 한다는 금욕주의를 받아들일 때 우리는 끊임없이 죄의식에 사로잡힐 수밖에 없습니다. 이러한 욕망들은 근본적으로 근절될 수 없는 성질의 것이기에, 그러한 욕망들을 근절할 수 없는 자신의 무능력을 탓하면서 우리는 죄책감에 빠질 수밖에 없는 것입니다.

이원론은 위와 같은 문제점에도 불구하고 사람들에게 영원불변한 천상의 세계에 대한 희망과 기대를 안겨주었기 때문에 오랫동안 명맥을 유지할 수 있었습니다. 사람들은 그러한 영원불변의 세계에 대한 희망을 품고서 지상에서 겪는 고통과 불안 그리고 무상함을 견뎌낼 수 있었던 것입니다. 그러나 그 대가로 사람들은 병들고 허약한 존재가 되었습니다. 이원론으로 인해 사람들은 끊임없이 죄책감에 사로잡히고 자신을 자학하게 되었다는 점에서 병들게 되었습니다. 또한 사람들은 자기 자신에 의지하지 않고 허구적인 피안 세계와 신에게 의존하게 되었다는 점에서 허약해졌습니다.

니체는 근대철학이 마르크스주의처럼 기독교를 부정하더라도 실질적으로는 모두 기독교적인 사고방식의 연장이라고 봅니다. 근대철학은 플라톤적인 형이상학이나 기독교가 지향했던 피안 대신에 이상적인 미래를 설정합니다. 이와 함께 차안과 피안의 대립 대신에 고통과 갈등에 가득찬 현재와 행복과 평화가 지배하는 미래의 대립이 들어섭니다. 전통적인 이원론적인 사고방식에서 보이는 육체와 영혼의 대립 대신에 이기적인 욕망으로 가득찬 현재의 인간과 도덕적인 양심에 따르면서 형제애로 가득찬 미래의 인간 사이의 대립이 들어섭니다.

니체는 이러한 근대철학 역시 소유욕이나 정복욕 그리고 호승심과 같은 인간들의 자연스런 욕망을 근절할 것을 요구한다는 점에서 기독교적인 사고방식의 연장이라고 보는 것입니다. 근대철학은 기독교와 마찬가지로 인간의 현실 자체에 입각하여 삶의 새로운 의미와 가치를 제시하기보다는 인간의 현실과 대립된 허구적인 이상을 삶의 의미와 가치로서 제시합니다.

'신은 죽었다'는 니체의 유명한 말은 서양의 전통적인 철학과 종교가 설득력을 상실하게 되었다는 것을 의미합니다. 니체는 인간의 몸과 정신을 병들고 나약하게 만드는 서양의 전통철학과 종교를 철저하게 파괴하면서 인간에게 위대한 건강을 선사할 수 있는 새로운 철학을 건립하려고 합니다. 니체는 2500년간의 서구 문명을 파괴하면서 새로운 시대와 세계를 여는 문화혁명의 기폭제가 되려고 했던 것입니다.

　　파괴자이자 창조자로서의 니체의 이러한 면모 때문에 철학자들뿐 아니라 역사에 큰 족적을 남긴 심리학자들과 예술가들이 니체의 사상에 매료되었습니다. 니체는 카를 야스퍼스와 마르틴 하이데거, 사르트르와 알베르 카뮈, 자크 데리다, 미셸 푸코, 질 들뢰즈 등과 같은 저명한 철학자들에게 지대한 영향을 끼쳤습니다. 프로이트, 알프레드 아들러, 카를 융과 같은 심리학자들도 니체에게서 깊은 영향을 받았습니다. 문학가 중에서는 D. H. 로렌스, 버나드 쇼, 제임스 조이스 예이츠, 토마스 만, 헤르만 헤세, 릴케, 슈테판 게오르게, 앙드레 말로, 앙드레 지드 등에게 니체는 영감의 원천이 되었습니다. 더 나아가 니체는 기독교를 부정했음에도 불구하고 폴 틸리히 같은 신학자에게까지 큰 영감으로 작용했습니다.

# 차례

## 1부

그대
자신이
되어라

자기 자신을 진정으로 사랑하는 사람은

자신의 욕망을 적절히 통제할 수 있는 지혜와

강한 의지를 갖는 인간입니다.

이러한 인간은 자신에 대해서 긍지를 갖습니다.

그는 자신이 고귀한 가치를 갖는 인간이라고 생각하며

실제로 그러한 고귀한 가치를 가지고 있습니다.

그는 자신의 삶과 운명을 긍정하고 사랑하는

행복한 사람입니다.

건전하고 건강한 사랑으로

자기 자신을 사랑하는 법을 배워야만 한다.

그래야 자기 삶에 자족하면서,

여기저기 방황하지 않는다.

진실로, 자기 자신을 사랑하는 법을 배우라는 것은
단순히 오늘과 내일만을 위한 계명이 아니다.
오히려 그것은 온갖 기술 중에서도
가장 섬세하고 가장 교묘하며 궁극적이고
가장 참을성이 필요한 기술인 것이다.

어떻게 인간이 자기 자신을 알 수 있는가?

젊은 영혼은 자신에게 이런 물음을 던지면서

삶을 돌아보아야 한다.

지금까지 그대는 무엇을 진정으로 사랑했는가?

무엇이 너의 영혼을 높이 끌어올렸는가?

무엇이 그대의 영혼을 가득 채우고 기쁨을 주었는가?

그리고 그것들을 그대 앞에 세워 놓아라.

그러면 그것들은 그대에게

그대의 진정한 자아의 근본 법칙을 보여 줄 것이다.

왜냐하면 그대의 진정한 본질은

그대 안에 깊이 숨어 있는 것이 아니라,

그대보다 헤아릴 수 없을 정도로 높이,

적어도 그대가 보통 그대의 자아로 간주하고 있는 것보다

훨씬 더 높이 있기 때문이다.

《반시대적 고찰 Unzeitgemäße Betrachtungen》

인간은 자신을 굳게 의지하고,

두 발로 용감히 서지 않으면 안 된다.

그렇지 못하면 사랑을 할 수 있는 능력이 없어지고 만다.

위대한 희생과 위대한 사랑을 가능하게 하는 것은
인격의 풍부함, 내적인 충실, 충일과 너그러운 내어줌,
본능적인 건강함과 자기 긍정이다.
이러한 정념들이 자라나오는 원천은
강하고 신성한 자기애다.

우선 자기 자신을 존중하는 것에서부터 시작하라.

다른 모든 것은 그것에서 따라 나온다.

나는 사랑한다.

스스로를 낭비하는 그런 영혼을 갖고 있는 자를.

누군가가 그에게 고마워하기를 바라지 않고

보답하려고도 하지 않는 자를.

그런 자는 선사할 뿐 간직하려 하지 않기 때문이다.

누구든지 한 가지의 능력은 가지고 있다.

그것은 오직 그만의 것이다.

그 능력을 일찍부터 깨닫고 충분히 살려 성공하는 사람도 있지만,

자신의 능력이 무엇인지를 모르는 채로 살아가는 사람도 있다.

분명한 것은,

어떠한 상황에서든 주눅들지 않고 씩씩하고 과감하게

그리고 꾸준히 도전해 나간다면 언젠가는

자신만이 가진 한 가지 능력을 반드시 알게 된다는 것이다.

대중에 속하기를 원치 않는 사람은
오로지 자기 자신의 나태함을 없애기만 하면 된다.
그리고 "너 자신이 되어라! 지금 네가 하는 것,
생각하는 것, 원하는 것은 모두 너 자신이 아니다!"라고
외치는 자신의 양심을 따르기만 하면 된다.

그대 자신을 사랑하듯 항상 그대들의 이웃을 사랑하라!

그러나 먼저 자기 자신을 사랑하는 자가 돼라!

《차라투스트라는 이렇게 말했다 Also sprach Zarathustra》

아무리 훌륭해 보이는 행동이라도

'무언가를 위해서' 행동하는 것은

비열하고 탐욕스러운 짓이다.

어떤 일을 누구를 위해서나 어떤 것을 위해서 행했을 경우

그것이 실패했을 때는 상대나 상황, 혹은 그 어떤 것의 탓으로

돌리려는 마음이 생기고, 그것이 성공적으로 행해졌을 때는

자신의 능력 덕분이라고 생각하는 자만심이 생기기 때문이다.

따라서 진정으로 자신을 위해서만 행동해야 한다.

《차라투스트라는 이렇게 말했다》Also sprach Zarathustra

사랑은 희생(또는 이타주의)이라고 왜곡되어 왔다.

그러나 사실은 하나의 정복이 아니면

인격의 넘치는 풍요로부터 오는 베풂이다.

가장 완벽한 자들만이 사랑할 줄 안다.

인간은 어릴 때부터 사랑하는 법을 배우고
친절하게 행동하는 것도 배워야 한다.
교육과 기회를 통해 이런 감각들을 훈련하지 않으면
우리는 메마르게 되고, 다정한 사람들이 만든
이렇게 섬세한 장치들을 이해할 수 없게 된다.

오늘날 사람들은 호의와 친절이야말로

좋은 인간이 갖는 성질들이라고 생각한다.

다만 이러한 사실에 '그가 우선 자기 자신에 대해서

호의적이고 친절하다는 사실이 전제될 경우에!'라고

덧붙여져야만 한다. 왜냐하면 이것이 전제되지 않으면,

즉 그가 자신 앞에서 도망치고 자신을 증오하고

자신에게 해를 입힌다면, 분명히 그는 좋은 인간이 아니기 때문이다.

그때 그는 자기 자신에게서 도망쳐서

타인들 속에서 자신을 구원하려고 한다.

이 타인들이 아무리 호의적으로 보일지라도

그들로부터 해를 입지 않도록 조심하는 게 좋다.

그러나 바로 이것, 즉 자기에게서 도망치고 자신을 증오하며

타인 속에서 살고 타인을 위해서 사는 것을

사람들은 이제까지 확신과 함께 그리고 무사려하게

'이타적인 것', 따라서 '선한 것'으로 불러왔다!

누군가가 친절하고 도와주며 관용 있는 태도로 인해

높은 평판을 누리게 되었다면,

그 이유는 그의 그러한 태도에서

유용한 결과가 빚어졌기 때문이 아니라

그것이 풍부한 영혼에서 비롯되었기 때문이다.

그의 가치는 그가 느끼는 삶의 충만함에 있는 것이다.

이웃의 불행을 보고 '고무되는 것'.

그는 불행에 처해 있다.

이제 '동정하는 자들'이 찾아와서 그에게

그의 불행을 자세하게 묘사한다.

마침내 그들은 만족해하면서 고무되어 떠난다.

그들은 불행한 자의 곤경을 즐기면서

기분 좋은 오후를 보낸 것이다.

인간이 존재하게 된 이래, 인간은 너무나 적게 기뻐했다.

우리가 더 잘 기뻐하는 것을 배우는 것이야말로,

우리가 타인들에게 고통을 가하거나

타인에게 고통이 되는 것을 생각해내는 것을

잊게 되는 가장 좋은 방법이다.

《차라투스트라는 이렇게 말했다 Also sprach Zarathustra》

한 번도 춤추지 않은 날은 잃어버린 날로 여기자!

그리고 한 번의 웃음도 가져다주지 못한 진리는

거짓이라고 부르자!

《차라투스트라는 이렇게 말했다 Also sprach Zarathustra》

오, 나의 형제들이여,

잘 먹고 잘 마시는 기술은 진실로 결코 덧없는 것이 아니다!

부숴 버려라,

절대로 즐거워하지 않는 자들의 서판을 부숴 버려라!

명랑함만이 구원에 이르는 길이다.

《반시대적 고찰 Unzeitgemäße Betrachtungen》

우리는 지참물로 준 것을 굳은 어깨에 메고 험한 산을 넘어

힘겹게 나르는 일을 충실하게 하고 있다.

그러다 땀을 흘리면, 사람들은 우리에게 이렇게 말한다.

"그렇지, 삶은 짊어지기 무거운 것이다!"라고.

그러나 인간에게 짊어지기 무거운 것은 오직 그 자신뿐이다!

인간은 너무나 많은 낯선 것을

자기 어깨에 힘겹게 지고 가기 때문이다.

그는 낙타처럼 무릎을 꿇고서

사람들이 마음껏 짐을 싣게 하는 것이다.

하루를 시작하는 가장 좋은 방법은,

눈을 떴을 때 오늘 적어도 한 사람에게

하나의 기쁨을 주는 것에 대해서 생각하는 것이다.

이것이 기도라는 종교적 관습 대신에 행해진다면,

이러한 변화로 인해 함께 사는 인간들은 혜택을 누리게 될 것이다.

우리의 기쁨은 다른 이들에게 힘이 되는가.

우리의 기쁨이 타인의 원한과 비애를 한층 배가시키거나

타인에게 모욕을 안겨주고 있지는 않은가.

우리는 정말 기뻐해야 할 것을 기뻐하고 있는가.

타인의 불행과 재앙을 기뻐하고 있지는 않은가.

복수심과 경멸하고 차별하고 싶어 하는 욕망을

만족시키는 기쁨은 아닌가.

가장 작은 행복에서도 가장 큰 행복에서도

행복을 가능하게 하는 것은 항상 하나다.

그것은 망각할 수 있다는 것이다.

모든 과거를 망각하고 순간의 문턱에 설 수 없는 자,

승리의 여신처럼 한 점의 현기증도 두려움도 없이 설 수 없는 자는

행복이 무엇인지를 알지 못할 것이다.

더 나쁜 것은 그는 다른 사람들을 행복하게 만드는 일을

절대로 하지 못할 것이라는 점이다.

행동하기 위해서는 망각이 필요하다.

그것은 모든 유기체가 살기 위해 빛뿐 아니라

어둠조차도 필요로 하는 것과 마찬가지다.

기억하는 일 없이 사는 것은 가능하며

심지어 행복하게 사는 것마저도 가능하다.

그러나 망각 없이 사는 것은 불가능하다.

《반시대적 고찰 Unzeitgemäße Betrachtungen》

마음이 불편해지는 가장 큰 이유 중 하나는 자신이 이룬 것,

자신이 창조한 것이 사람들에게

별다른 도움이 되지 않는다고 느끼기 때문이다.

자신이 별 도움이 되지 않는 존재가 되었다 여겨

언짢아하는 노인이 있는가 하면,

빛나는 청춘의 한가운데에 있으면서

사회 속에서 생산적 존재가 되지 않는다는 생각에

우울해하는 젊은이들도 있다.

이러한 사실에 비추어 볼 때,

늘 기분 좋은 인생을 살아가기 위한 요령은

타인을 돕거나 누군가의 힘이 되어주는 것이라 할 수 있다.

그것으로 존재의 의미를 실감하고,

순수한 기쁨을 누리게 된다.

《인간적인 너무나 인간적인 Menschliches, Allzumenschliches》

예리하고 영리하기만 해서는 안 된다.

어떤 면에서는 어리숙해 보이는 것도 필요하다.

영특한 것만이 멋있는 것은 아니다.

영특하지만 '아직 어리다'는 말을 듣고

어딘지 쉽게 보이는 취약점도 필요하다.

예리하면서도 어느 정도 어리숙한 면이 있어야 사랑스럽게 보여서,

사람들의 사랑을 받고 누군가가 도움을 주기도 하며

편을 들어줄 수도 있다.

영특하면서도 어떤 면에서 어리숙하게 보일 때가

영특하기만 할 때보다 훨씬 많은 것을 얻을 수 있다.

쉴 줄을 모르기에 우리의 문명은

결국 새로운 야만으로 전락하고 만다.

어떠한 시대에도 활동가들, 즉 쉴 줄을 모르는 자들이

현대처럼 중요시된 적이 없었다.

따라서 관조적인 요소를 크게 강화하는 것은

인류의 성격에 가해져야 하는 불가결한 수정 중의 하나다.

# 자기 자신을 진정으로 사랑할 줄 안다는 것

니체의 유명한 말 중의 하나는 "그대 자신이 되어라"라는 말입니다. 그런데 이 말은 무엇을 의미하는 것일까요? 성욕이나 소유욕처럼 자신의 본능적인 욕망이 이끄는 대로 사는 것이 그대 자신이 되는 것일까요? 오히려 그것은 자기 자신이 되는 것이 아니라 욕망의 노예로 전락하는 것이 될 수 있습니다.

니체는 인간은 고정되어 있지 않고 끊임없이 자신을 형성해간다고 보았습니다. 우리는 자신을 고귀한 인간으로 형성할 수도 있고 천박한 인간으로 형성할 수도 있습니다. 니체는 우리의 참된 자기는 우리 위에, 다시 말해 우리가 추구하는 이상적인 인간형에 존재한다고 보았습니다. 부처나 예수를 자신이 구현해야 할 이상적인 인간형으로 생각하는 사람에게는 바로 부처나 예수와 같은 인간이 되는 것이이야말로 자기 자신이 되는 것입니다. 니체가 말하는 초인을 이상적인 인간형으로 생각하는 사람에게는 초인이 되는 것이야말로 자기 자신이 되는 것이겠지요.

　니체가 말하는 초인은 어떤 인간일까요? 일차적으로 초인은 자신을 사랑하는 인간입니다. 그런데 우리는 흔히 자기 자신을 사랑한다는 것을 이기주의적인 탐욕에 사로잡혀 다른 인간들마저도 자신의 행복을 위한 수단으로 만드는 것이라 생각하는 경향이 있습니다. 그러나 이렇게 이기주의적 탐욕에 사로잡혀 있는 사람은 사실은 탐욕의 노예가 되어 있는 사람입니다. 그는 탐욕이 실현되지 않을까 불안해하고 다른 사람들과 끊임없이 갈등을 빚는 불행하고 병적인 인간입니다. 그는 자신이 느끼는 이러한 불안을 재산이나 권력 혹은 명성에 의지하여 해소하려고 합니다. 그러나 이것들은 자신이 어찌할 수 없는 외적인 요인들에 의해 언제든 축소되거나 사라질 수 있기에 그는 그것들을 아무리 많이 가져도 불안해할 수밖에 없습니다.

그렇다고 해서 니체는 의무감에서 억지로 남을 돕는 이타주의도 배격합니다. 니체는 남을 도우면서 행복을 느낄 때 남을 도우라고 합니다. 니체의 대표작 《차라투스트라는 이렇게 말했다》에서 차라투스트라는 자신의 지혜를 사람들에게 아낌없이 나누어주려고 합니다. 그러나 그가 자신의 지혜를 사람들에게 전하는 것은 어떤 의무감이나 희생정신 때문이 아니라 자신의 넘치는 지혜를 사람들과 나누면서 행복을 맛보기 위해서입니다. 니체는 진정으로 선한 행위는 그러한 행위를 통해 남도 자신도 행복하게 되는 행위라고 봅니다. 남에게 베푸는 데서 기쁨과 행복을 느끼지 못하는 사람은 결국은 남에게 베풀면서도 대가를 원하게 되고 상대방이 대가를 지불하지 않으면 섭섭해합니다.

이렇게 자신도 남도 행복하게 되는 방식으로 남을 도울 수 있는 사람은 우선 그 자신이 행복한 사람이고 자신을 사랑하는 사람이어야 합니다. 이런 사람만이 다른 사람을 진정으로 행복하게 만들 수 있고 남에게 진정으로 사랑을 베풀 수 있습니다.

초인은 자신의 삶과 운명을 긍정하고 사랑하는 행복한 사람입니다. 이렇게 자기 자신을 진정으로 사랑하는 사람은 자신의 욕망을 적절히 통제할 수 있는 지혜와 강한 의지를 갖는 인간입니다. 이러한 인간은 자신에 대해서 긍지를 갖습니다. 그는 자신이 고귀한 가치를 갖는 인간이라고 생각하며 실제로 그러한 고귀한 가치를 가지고 있습니다.

## 2부

초인,
고귀한
인간이 되어라

니체는 모든 위대한 것은

끊임없는 자기 극복을 통해서만 이루어질 수 있다고 말합니다.

자신을 극복할 줄 아는 사람은

항상 강한 힘을 소유한 것과 같은 모습으로 꼿꼿하고,

곤경에 처해도 항상 쾌활하고 친절하며,

어떠한 위험과 기습에도 흔들리지 않습니다.

자신을 비난하거나 도발하는 말에 대해서도

침착하고 유쾌하게 대응합니다.

나를 죽이지 못하는 것은 나를 더욱 강하게 만든다.

가장 위험할 때 ― 인생이란 전진하며 올라가는 한
아무리 힘들더라도 다리가 부러지는 일은 드물다.
그러나 인생을 안이하게 여기고 평탄한 길을 택하기 시작하면
그런 위험은 도처에 있게 된다.

《인간적인 너무나 인간적인 Menschliches, Allzumenschliches》

정신의 목표는 새로운 '경험'을 자기 것으로 동화시키는 것이며,
성장하는 것, 좀 더 정확하게 말해 성장의 느낌,
힘이 커졌다는 느낌을 갖는 것이다.

이것이 우리의 운명이다.

우리는 높은 곳을 향해 성장한다.

세상에 존재하면서 세상을 초월하여 살아라.

세상을 초월하여 산다는 것은 무엇보다도

자기 멋대로 일어나는 자신의 마음과

감정에 사로잡히지 않는 것이다.

정념들에 휘둘리지 않고, 정념이라는 말에 올라타

능숙하게 그것을 다루는 것이다.

이것이 가능하게 되면

세계와 시대의 흐름이나 변화에 휘둘리지 않는다.

그리고 확고한 자신감과 함께 강건하게 살아갈 수 있게 된다.

《선악의 저편 Jenseits von Gut und Böse》

용감하고 창조적인 인간들은

결코 쾌감과 고통을 궁극적인 가치로 보지 않고

그것들을 부수적인 현상들로 본다.

우리가 무엇을 이루려고 한다면,

우리는 쾌감과 고통 모두를 원해야 한다.

《유고 Nachlaß》

작은 일에서부터 자제할 수 없다면

큰일에 부딪혔을 때 자제할 수 있는 능력도 상실된다.

적어도 한 번이라도 무엇인가 하찮은 일에서 자제하지 못한 날은

실패한 날이라고 할 수 있으며, 다음 날은 위험한 날이다.

만일 자신을 지배한다는 기쁨을 지속적으로 누리려 한다면

이러한 연마는 없어서는 안 되는 것이다.

자유란 규칙이나 원칙을 거부함으로써가 아니라

적절하게 내면화함으로써 생긴다.

사람은 잠자코 있어서는 안 될 때만 말해야 한다.

그리고 자기가 극복해온 일만을 말해야 한다.

그 밖의 말은 모두 요설이요,

경박함에 지나지 않는다.

우리가 자유롭게 할 수 있는 것.

― 우리는 우리의 충동을 정원사처럼 처리할 수 있다.

그리고 소수만이 알고 있는 사실이지만,

분노, 동정, 심사숙고, 허영심의 싹을

격자 울타리에 달린 아름다운 과일처럼

생산적이고 유용한 것으로 키울 수 있다.

그러나 우리가 이와 같은 것을 자유롭게 할 수 있다는 사실을

얼마나 많은 사람이 알고 있는가?

사람들 대부분은 자신을 완전히 자라버린 사실이라고 믿지 않는가?

위대한 철학자들은 성격의 불변성에 대한 학설로

이러한 편견에 여전히 그들의 봉인을 찍지 않았던가?

영혼의 만성적인 병은 육체의 만성적인 병과 마찬가지로
우리가 흔히 알아채지 못하는 사소한 습관으로 인해 생긴다.
자신의 영혼을 치유하려는 자도
가장 사소한 습관들을 고쳐야만 한다.
많은 사람이 매일 열 번씩 주변 사람들에게 악의로 가득 찬
차가운 말을 퍼부으면서도 대수롭지 않게 생각한다.
특히 몇 년 후에는 그를 지배하는 습관의 한 법칙이 생겼고,
이 법칙이 그가 매일 열 번 자신의 주위를 기분 나쁘게 만들도록
그를 얽어맨다는 사실을 그는 생각하지 않는다.
그러나 그는 주위 사람들을 매일 열 번씩
기분 좋게 만드는 습관을 들일 수도 있다.

비록 자신의 활동이 눈에 띄는 업적을 내지 않아도

묵묵히 고독하고 결연하게 만족하는 불굴의 인간,

어떤 것을 보더라도 자신에게서 극복되어야 할 것들을

찾아내는 성향을 타고난 자,

승리에 임해서 관용을 베풀고

패배한 자들의 작은 허영심에 너그러울 뿐 아니라,

생기발랄하며, 인내심이 있고, 소박하며,

커다란 허영심을 경멸하는 자,

명령할 때는 능숙하고 확신에 차 있지만 필요하다면 기꺼이

복종할 준비가 되어 있는 자, 명령할 때나 명령받을 때나

자기 자신의 명분을 위해 행할 정도로 자긍심을 가진 자,

더 많은 위험을 감수했기에 더 많이 생산적이며 더 많이 행복한 자!

이는 인생에서 최고의 결실과 기쁨을 수확하는 비결,

그것은 위험하게 사는 것이기 때문이다.

그대들의 도시를 베수비오 화산에 세워라.

그대들의 배를 미지의 바다로 내보내라!

초인은 하나의 바다다. 진실로 인간은 더러운 강이다.

사람이 불순하게 되지 않고,

더러운 흐름을 받아들이기 위해서는

하나의 바다가 되어야 한다.

들어라, 나는 그대들에게 초인을 가르친다.

초인은 바로 이 바다다.

인간은 초극되어야만 하는 그 무엇이다.

그대들은 인간을 초극하기 위해 무엇을 했는가?

지금까지 모든 존재자는 자기 자신을 능가하는

무엇인가를 창조해왔다.

그대들은 이 위대한 조수潮水의 썰물이 되길 원하며

인간을 초극하기보다 오히려 동물로 되돌아가려 하는가?

인간에게 원숭이란 어떤 존재인가?

하나의 웃음거리 혹은 하나의 참기 어려운 수치가 아닌가?

그리고 초인에게는 인간 또한 그러하다.

하나의 웃음거리 혹은 참기 어려운 수치인 것이다.

우리가 높이 올라가면 올라갈수록,

날 수 없는 사람들에게 우리는 더욱 작게 보인다.

아무리 훌륭한 것이라도

역시 구토를 일으킬 것 같은 것이 아직 달라붙어 있다.

최상의 인간일지라도

아직 극복되어야 할 존재인 것이다!

지금까지 초인은 한 번도 존재한 적이 없었다.

나는 가장 위대한 자와 가장 보잘것없는 자의

벌거벗은 모습을 보았다.

이들은 아직 너무 닮았다.

진실로 나는 가장 위대한 인간조차도

너무나 인간적이라는 사실을 발견했다.

오, 나의 형제들이여,

이 때문에 새로운 귀족이 필요하다.

새로운 귀족은 모든 천민과 폭군의 적으로서

새로운 서판에 "고귀함"이라는 말을 새롭게 쓴다.

고귀함이란 무엇인가?

'고귀함'이란 용어는 오늘날 우리에게 무엇을 의미하는가?

고귀한 인간임을 결정하고 고귀함의 등급을 확정하는 것은

작품이 아니라 신앙이다. 즉 고귀한 영혼이

자기 자신에 대해서 갖는 어떤 근본적인 확신이며,

구할 수도 없고 발견할 수도 없으며

아마 잃어버릴 수도 없는 어떤 것이다.

고귀한 영혼은 자신에 대해 외경심을 갖고 있다.

자유로운 인간, 끈질긴 불굴의 의지를 소유한 자는

또한 자신의 가치 척도를 갖고 있다.

그는 자신을 척도로 하여 타인을 보면서

존경하기도 하고 경멸하기도 한다.

그는 필연적으로 자신과 동등한 자들, 강한 자들,

신뢰할 수 있는 자들을(약속을 지킬 수 있는 자들을) 존경한다.

즉 주권자처럼 진중하고 드물게 그리고 오랜 숙고 끝에

약속하는 자, 쉽사리 타인을 신뢰하지 않으며 자신이

어떤 사람을 신뢰할 때 그러한 신뢰에 의해 신뢰받는 자에게

영예를 부여하는 자, 자신의 약속을 고초를 겪으면서도

심지어는 '운명에 저항하면서'까지도 지킬 정도로

자신이 충분히 강하다는 사실을 알기 때문에

신뢰할 수 있는 약속을 하는 자, 이러한 모든 자를 존경한다.

네 가지의 미덕.

— 우리 자신과 평소에 우리의 친구인 자에 대한 성실,

적에 대한 용기, 패자에 대한 관용, 항상 공손할 것.

이 네 가지의 주요한 덕은

우리가 그렇게 존재하기를 원한다.

어느 정도로 고상한가가 아니라

얼마나 오래 고상할 수 있는가가 고귀한 인간을 만든다.

타인에게서 고귀한 점을 보려고 하지 않는 사람은
그만큼 더 예리하게 그 사람의 표면에 나타난
비천한 부분을 관찰한다. 그리고
그것으로 자신이 어떤 인간인지를 폭로한다.

권력이 자비로워져서 고개를 숙일 때,

나는 그러한 겸손함을 아름다움이라고 부른다.

나는 다른 사람이 아닌 당신과 같이 강한 사람에게서

가장 많은 아름다움을 원한다.

고귀한 인간도 불행한 자를 돕지만, 동정에서가 아니라

넘쳐나는 힘에서 비롯된 충동에서 돕는다.

고귀한 인간은 자신 안에 존재하는 강력한 자를 존중한다.

이 강력한 자란 자신을 제어할 힘을 가지고 있으며,

말하고 침묵하는 법을 알고 있고,

자기 자신을 엄격하고 혹독하게 다루는 데서 기쁨을 느끼며,

엄격하고 혹독한 모든 것을 존경하는 자다.

사람들에게서 아무것도 바라지 않고
그들에게 베푸는 것에 익숙한 사람은
자신도 모르게 고귀하게 행동한다.

《인간적인 너무나 인간적인 Menschliches, Allzumenschliches》

비속한 천성을 가진 사람들에게는

고귀하고 관대한 감정들 모두가 비이성적인 것으로 보이며

또한 바로 그 때문에 무엇보다도

믿을 수 없는 것으로 나타난다. 그들은 고귀한 인간이

샛길로 이익을 추구하는 것은 아닌가 하고 의심한다.

고귀한 인간에게 이기적인 의도나 이익이 없었다는 사실을

분명히 알게 되면 그들은 고귀한 인간을 일종의 바보로 취급한다.

그들은 그의 기쁨을 경멸하고 그의 눈에서 빛나는 광채를 비웃는다.

"사람이 도대체 어떻게 불이익을 기뻐할 수 있는가,

어떻게 뻔히 눈을 뜨고 불이익을 감수할 수 있는가!

고귀한 열정에는 이성의 질환이 달라붙어 있음이 틀림없다."

비속한 천성의 특징은 자신의 이익을 가장 중시한다는 것이다.

그것과 비교하면 고귀한 천성은 더 비이성적이다.

청년들이 교만한 것은,

별것도 아니면서 자신을 대단한 인물인 것처럼 생각하면서

내세우는 동류의 청년들과 친구로 지내기 때문이다.

이렇게 안이하고 허황한 자기만족에 빠져

젊은 날을 낭비하는 것만큼 자신에게 해로운 것은 없다.

청년은 가능한 한 빠른 시기에,

참된 실력으로 높은 수준에 이른 사람,

높은 업적을 이룬 사람을 발견하여 그와 교제해야 한다.

그러면 자기만족적인 교만이나 쓸데없는 겉치레, 허세,

오만 등은 순식간에 사라지고 자신이 무엇을 해야 하는지를

눈앞에 보게 될 것이다.

《인간적인 너무나 인간적인 Menschliches, Allzumenschliches》

위대한 인간은 필연적으로 모든 일에 회의를 품는 사람이다.

모든 종류의 확신에 사로잡히지 않는 자유로움이

그의 의지의 강함에 포함되어 있다.

신념을 갖기를 바라는 일, 긍정에서든 부정에서든

무언가 무조건적인 것을 바라는 것은

약한 마음에서 비롯되는 것이다.

여러 가지 신념을 가져본 적이 없는 자나

처음 가졌던 신념에 집착하는 자는

절대로 자신의 신념을 바꿀 수 없다는 바로 그 점 때문에

낙오된 문화를 대표한다.

이런 자는 경직된 벽창호이며,

가르치기 어렵고 유연성이 없는 영원한 비방자다.

그는 자신의 뒤떨어진 의견을 강요하기 위해

온갖 수단에 호소하는 무법자이다.

그는 다른 의견도 존재할 수 있다는 사실을

도무지 받아들이려 하지 않는다.

껍질을 벗을 수 없는 뱀은 파멸한다.

의견을 바꾸는 것이 방해받는 정신들도

이와 마찬가지다.

그들은 정신이기를 그친다.

과제 : 사물을 있는 그대로 볼 것!

수단 : 백 개의 눈으로 수많은 사람으로부터

그것을 바라볼 수 있을 것!

사상가는 어느 정도로 자신의 적을 사랑하는가.

그대의 사상에 반대될 수 있는 그 어떤 생각이든

억누르지 말고 그대 자신에게 침묵하지 말라!

이러한 사실을 맹세하라!

그대는 매일 그대 자신에 대한 투쟁을 감행해야만 한다.

완전한 현인은 자신도 모르게 적을 이상적으로 만들고
적의 모순을 모든 오점과 우연에서 벗어나게 한다.
이를 통해 그의 적이 빛을 발하는 무기를 가진
신이 되었을 경우에야 비로소 적과 싸우는 것이다.

# 니체가 정의한
# '초인의 조건'

니체는 초인을 '고귀한 인간'이라고도 부릅니다. 고귀한 인간은 첫째로 강한 인간입니다. 그러나 니체가 말하는 강함은 자신보다 약한 자들을 괴롭히거나 자신보다 불리한 지위에 있는 사람들에게 갑질을 하는 식의 강함이 아닙니다.

니체는 인간에게는 자신의 강함과 우월함을 느끼고 싶어 하는 욕망이 있다고 보았으며, 그것을 힘에의 의지라고 불렀습니다. 니체는 이러한 욕망 자체를 부정적으로 보지는 않습니다. 그는 이러한 욕망을 비열한 방식이 아니라 고귀한 방식으로 실현할 것을 요구할 뿐입니다.

니체가 생각하는 참으로 강한 자는 힘에의 의지를 고귀한 방식으로 실현합니다. 그는 자신보다 동등하거나 이왕이면 자신보다 더 강한 자와 겨루려고 합니다. 그는 그러한 대결을 통해서만 자신의 발전과 성장이 일어날 수 있기 때문입니다. 그는 자신의 승리가 빤히 예상되는 상대와 겨루거나 자신보다 불리한 지위에 있는 사람들을 무시하고 괴롭히는 것을 부끄럽게 생각합니다. 그러한 행위들은 너무나 쉽게 자신의 강함과 우월함을 확인하려고 하는 비열한 근성에서 비롯된 것이고, 그러한 대결을 통해서는 아무런 발전이 일어날 수 없기 때문입니다. 오히려 그는 자신보다 약하거나 불리한 지위에 있는 사람들에게 항상 겸손합니다. 또한 참으로 강한 자는 설령 자신이 패하더라도 상대가 정정당당하게 대결했을 때는 상대에게 존경을 표합니다. 그리고 자신이 승리했더라도 패자에게 관용을 베풀 줄 압니다.

둘째로 고귀한 자는 자유로운 정신의 소유자입니다. 자유로운 정신은 어떤 독단적인 종교나 철학 혹은 정치적인 신념 등에 사로잡히지 않고 사태를 다양한 관점에서 볼 수 있는 여유로운 정신입니다. 자유로운 정신은 남의 비판에 귀를 기울이면서 그러한 비판이 옳다면 흔쾌히 받아들이는 정신입니다. 자유로운 정신은 옳고 그른 것을 어떤 특정한 관점에 얽매이지 않고 판단할 수 있는 자신의 이성적인 능력에 대해 신뢰와 자부심을 갖고 있습니다.

자유로운 정신과 반대되는 것이 독단적인 신념에 사로잡혀 있는 폐쇄적인 정신입니다. 우리는 주위에서 광신적인 종교적인 신념이나 정치적인 신념을 가진 사람들을 봅니다. 이들은 언뜻 보기에는 자신의 신념에 대해 절대적인 확신을 갖고 있기에 무척 강한 사람처럼 보입니다. 그러나 니체는 이들이야말로 정신적으로 허약한 자라고 봅니다. 사실 이들은 자신의 이성적인 사고 능력을 신뢰하지 못하고 불안해합니다. 따라서 이들은 그러한 불안을 독단적인 신념에 매달리는 방식으로 해소하려 합니다.

셋째로 고귀한 인간은 다른 사람들에게 명령할 수 있고 지배할 수 있는 인간입니다. 니체는 이렇게 명령할 수 있고 지배하기 위해서는 먼저 자기 자신을 지배할 줄 알아야 한다고 말합니다. 이 경우의 자기 자신은 성욕이나 명예욕 그리고 지배욕과 같은 자신의 자연스러운 욕망들을 가리킵니다. 그렇다고 해서 니체가 이러한 욕망들을 근절해야 한다고 주장하는 것은 아닙니다. 니체는 성욕은 남녀 간의 사랑으로 승화하고, 명예욕은 위대한 것을 이루기 위해 묵묵히 노력하는 태도로, 지배욕은 지혜와 용기와 함께 명령을 내리고 자신의 명령에 책임을 지는 태도로 승화해야 한다고 말합니다. 니체가 말하는 자기 지배는 이렇게 우리의 자연스러운 욕망들을 건설적이고 생산적으로 승화하는 것입니다.

흔히 니체는 기존의 모든 관습과 도덕을 파괴하고 본능과 욕망의 자유로운 발산을 요구한 사상가로 오해되곤 합니다. 그러나 정작 니체는 모든 위대한 것은 끊임없는 자기 극복을 통해서만 이루어질 수 있다고 말합니다. 이렇게 자신을 극복할 줄 아는 사람은 항상 강한 육체적인 힘을 소유한 것과 같은 모습을 유지합니다. 다른 모든 사람이 흐트러진 자세를 취해도, 그는 항상 꼿꼿한 자세를 취합니다. 곤경에 처해도 항상 쾌활하고 친절하며, 어떠한 위험과 기습에도 흔들리지 않습니다. 자신을 비난하거나 도발하는 말에 대해서도 침착하고 유쾌하게 대응합니다.

우리는 어떻게 하면 이러한 초인이나 고귀한 인간이 될 수 있을까요? 니체는 하루에 한 가지라도 자신의 사소한 결점을 고쳐 나갈 것을 권합니다. 사소한 결함도 고치지 못하는 사람은 큰 결함도 고칠 수 없기 때문입니다.

## 3부

이 삶이 영원히
반복된다 해도
네 운명을 사랑하라

니체는 우리가 겪은 모든 고통과 고난이

다시 반복되어도 좋다고 흔쾌하게 긍정하는 사람이야말로

정신적으로 건강한 사람이라고 말합니다.

운명을 긍정하는 자는 어떠한 환경에서든

그리고 어떠한 불운을 맞아도

염세주의나 현실 도피에 빠지지 않고,

이 세계를 긍정하면서 춤추듯 경쾌하게 살아갑니다.

니체의 철학은 값싼 위로의 철학이 아닙니다.

인간을 위험과 시련에 직면하게 하면서 단련시키는

망치의 철학입니다.

최대의 무게 ─ 어느 날 혹은 어느 밤, 한 악마가
가장 적적한 고독 속에 잠겨 있는 너의 뒤로 슬그머니 다가와
이렇게 말한다면 너는 어떻게 말할 것인가?
'네가 현재 살고 있고 지금까지 살아왔던 생을 다시 한 번,
나아가 수없이 몇 번이고 되살아야 한다.
거기에는 무엇 하나 새로운 것은 없을 것이다.
일체의 고통과 기쁨, 일체의 사념과 탄식,
너의 생애의 크고 작은 모든 일이 다시 되풀이되어야만 한다.
모든 것이 동일한 순서로 말이다.'
너는 땅에 엎드려 이를 악물고서 그렇게 말한 그 악마를
저주하지 않을 것인가? 아니면 너는 그 악마에게
'너는 신이다. 나는 이보다 더 신적인 말을 들은 적이 없다!'라고
대답할 그런 엄청난 순간을 체험한 적이 있었던가?
이러한 사상이 너를 지배하게 된다면 그것은
현재의 너를 변화시킬 것이고 아마 분쇄해 버릴 것이다.

나는 다른 어느 시기보다도, 괴로웠던 시기에

깊이 의지하고 있는 것이 아닐까 하고 몇 번인가 자문해왔다.

가장 깊은 나의 내면의 본성이 가르쳐주는 바로는,

일체의 필연적인 것은 높은 곳에서 볼 경우 거시적인 의미에서

유익한 것이다. 사람은 그것을 견딜 뿐 아니라 사랑해야 한다.

'운명애amor fati', 이것이 나의 가장 깊은 내면의 본성이다.

그리고 나는 나의 병약함에 힘입은 바가

건강에 힘입은 것보다도 훨씬 많지 않은가.

보다 높은 건강, 그 때문에 죽지 않는 한

오히려 강해지는 것 같은 건강을

나는 이 병약함에 힘입고 있는 것이다!

큰 고통이야말로 정신의 최후의 해방자이다.

사람은 그런 고통의 위험과 오랜 자기 지배의 단련 속에서

딴사람이 되어 나온다.

어떤 인간이 위대한 인간이라는 것을 보여주는 징표는 운명애다.

즉 어떤 것도 지금과 다른 것이 되기를 원하지 않는 것,

미래에도, 과거에도, 영원히.

그것은 또한 필연적인 것을 단순히 견디기만 하지 않고

은폐는 더더욱 하지 않으며 그것을 사랑하는 것이다.

가장 낯설고 가혹한 삶의 문제들에 직면해 있으면서도
삶을 긍정하는 것, 자신의 무궁무진함에 기쁨을 느끼면서
삶의 최고의 전형을 희생하는 것도 불사하는 '삶에의 의지',
이것이야말로 내가 디오니소스적이라고 불렀던 것이다.

강한 자들에게는 현실에 대한 긍정이 필연적이듯이,
약한 자들에게는 약함으로 인한 현실에 대한 비겁과
현실로부터의 도피, 즉 '이상'이라는 것이 필연적이다.
약한 자들은 현실을 아무리 제대로 인식하고 싶어도
인식할 수 없다.

나는 모든 우연을 나의 냄비 속에 삶는다.

그리하여 그것을 잘 삶았을 때에야 비로소

그것을 나의 먹이로 즐긴다.

그는 불리한 우연Zufall을 자신에게 유리한 것으로 전환할 수 있다.

그를 죽이지 못하는 것은 그를 더욱 강하게 만든다.

본능적으로 그는 자신이 보고 듣고 경험하는 모든 것을 수집하여

독자적인 방식으로 종합한다.

여기서 선택의 원칙은 그 자신이며 그는 많은 것을 버린다.

그가 관계하는 것이 책이든 사람이든 경치든 간에

그는 항상 자기를 잃지 않는다.

나는 '인간의' 의지의 힘을 그것이 얼마나 많은
저항과 고통과 괴로움을 견디느냐와 그것들을 얼마나
자신의 이익으로 바꿀 수 있느냐에 의해서 평가한다.

최선의, 가장 생산적인 인간이나 민족이 살아가는 모습을 보며

이렇게 자문해 보라. 하늘 높이 자라려는 나무들이

과연 비바람이나 눈보라를 겪지 않고

제대로 그렇게 자랄 수 있을 것인가?

외부로부터 가해지는 불운과 저항,

증오, 질투, 불신, 고집, 냉혹, 탐욕, 폭력은

덕의 위대한 성장을 위해서는 필수불가결한 것이 아닐까?

그것들은 덕의 성장에 유리한 환경을 조성한다.

나약한 천성을 가진 자들을 사멸시키는 독은

강한 자들에는 강장제다.

강한 자는 그것을 독이라고 부르지 않는다.

인생은 그리 길지 않다.

어스름해질 무렵 죽음이 찾아와도 전혀 이상할 것이 없다.

따라서 우리가 무언가를 시작할 기회는

늘 지금 이 순간밖에 없다.

그리고 이 한정된 시간 속에서 무언가를 하는 이상,

불필요한 것들을 말끔히 털어 버리지 않으면 안 된다.

중요한 것은 영원히 생생하게 존재하는 것이다.
'영원히 길게 산다는 것'은 물론이고 일반적으로
단순히 살고 있다는 것은 중요하지 않다!

병은 나에게 조용히 누워 있고 한가롭게 지내면서

기다리고 인내할 수밖에 없다는 선물을 선사했다.

그러나 바로 이것이야말로 진정으로 사유하는 것이 아니겠는가!

나의 눈은 책벌레로 지내는 삶을 끝장내었다. 다른 자아들에

끊임없이 귀를 기울여만 했기(바로 이것이 독서라는 것이다!) 때문에

다른 자아들 밑에 파묻혀 침묵하고 있었던 저 가장 밑바닥의 자아가

서서히 수줍어하고 미심쩍어하면서 깨어났다.

그리고 마침내 다시 말하기 시작했다.

나는 나의 삶에서 가장 병들어 있었고 가장 고통스러웠던

그 시절에 느꼈던 행복보다 더 큰 행복을 결코 느끼지 못했다.

죽어야 할 때에 죽어라!

차라투스트라는 이렇게 가르친다.

나는 새끼를 꼬는 사람처럼 되고 싶지는 않다.

그들은 새끼를 길게 만든다.

그리고 자기 자신은 뒷걸음쳐 가는 것이다.

# 우리를 죽이지 않는 것은
# 우리를 강하게 만든다

니체가 말하는 초인 혹은 고귀한 인간은 자신의 운명을 긍정하고 사랑하는 인간이기도 합니다. 이 경우 운명을 긍정하고 사랑한다는 것은 단순히 운명을 체념적으로 받아들이는 것이 아닙니다. 운명을 체념적으로 받아들인다는 것은 자신의 운명에 대해서 한恨을 품고 있지만, 그것을 바꿀 수도 없으니 그냥 받아들이겠다는 수동적인 자세에 불과합니다.

운명을 진정으로 긍정하는 자는 '우리를 죽이지 않는 것은 우리를 강하게 만든다'라고 말하면서, 자신이 부딪힌 불행이나 고통을 자신의 성장과 발전을 위한 발판으로 삼습니다. 즉 운명을 긍정하는 자는 자신의 운명을 발전적으로 승화시키는 사람입니다. 그러한 사람들의 예로 우리는 가난한 집안에서 태어났지만 불우한 환경을 근면함과 성실함이라는 덕을 개발할 수 있는 발판으로 전환하여 성공한 사람들을 들 수 있습니다.

이렇게 자신의 운명을 긍정하는 자는 세계를 긍정하는 자이기도 합니다. 이는 우리의 운명은 우리가 태어난 가정 환경이나 사회 그리고 우리가 살아가면서 겪게 되는 다양한 사건들로 나타나기 때문입니다. 운명을 긍정하는 자는 어떠한 환경에서든 그리고 어떠한 불운을 맞아도 염세주의나 현실 도피에 빠지지 않고, 이 세계를 긍정하면서 춤추듯 경쾌하게 살아갑니다.

니체는 운명애에 대한 자신의 사상을 영원회귀 사상이라는 형태로 표현하기도 했습니다. 영원회귀 사상은 문자 그대로 모든 것이 영원히 되돌아온다는 사상입니다. 우리는 흔히 죽으면 천국으로 갈 기대하거나, 불교의 윤회설처럼 다음 생이 있다면 지금보다 더 좋은 조건을 지니고 태어나길 기대합니다. 더 아름다운 얼굴과 좋은 성격 그리고 훌륭한 재능을 가지고 태어나길 기대하며, 더 좋은 환경에서 태어나길 바랍니다. 또한 살아가는 동안 계속해서 좋은 일만 있기를 바랍니다. 영원회귀 사상은 이 모든 기대를 좌절시키는 사상입니다. 우리가 이번 생에서 겪었던 모든 것이 그 모든 고통과 고난을 포함하여 다시 일어난다는 것입니다.

이런 의미에서 영원회귀 사상은 나약한 사람은 도저히 감당할 수 없는 최대의 무게를 갖는 사상입니다. 그러나 영원회귀 사상은 그것이 갖는 엄청난 무게로 나약한 사람을 분쇄해버릴 수도 있지만, 다른 한편으로 우리가 그것을 흔연히 긍정할 때에는 우리에게 최대의 힘을 선사하는 사상이 될 수 있습니다.

니체는 이렇게 우리가 겪은 모든 고통과 고난이 다시 반복되어도 좋다고 흔쾌하게 긍정하는 사람이야말로 정신적으로 건강한 사람이라고 말합니다. 이에 반해 영원회귀를 부정하는 사람은 정신적으로 나약한 사람입니다.

영원회귀 사상을 긍정하는 사람은 고통과 고난 그리고 인간들 사이의 투쟁과 갈등으로 점철된 우리 현실을 그대로 긍정합니다. 그러나 이렇게 현실을 그대로 긍정하는 사람에게 이 현실은 무의미하고 덧없게 나타나는 것이 아니라 매 순간순간이 아름답고 의미로 충만한 것으로 나타납니다.

　니체는 신이나 피안 세계와 같은 환상적인 존재에 대한 신앙에서가 아니라 지상에 충실한 삶 자체에서 고난과 고통을 극복할 수 있는 길을 모색하려고 합니다. 니체는 고난과 고통은 예기치 않은 운명으로 점철된 인생을 흔쾌하게 긍정할 정도로 자신의 정신을 강화함으로써 극복할 수 있다고 봅니다. 이런 의미에서 니체의 철학은 인간을 신이나 피안 혹은 미래에 실현될 유토피아와 같은 환상을 통해서 위로하고 달래는 값싼 위로의 철학이 아닙니다. 그것은 인간을 오히려 위험과 시련에 직면하게 하면서 단련시키려는 망치Hammer의 철학입니다.

## 4부

차라리 그대의
고독 속으로
도망쳐라

니체는 사회나 타인에 눈치를 보는 삶을 살지 말고

'고독 속으로 달아나라'고 말합니다.

자신을 사랑하는 사람은

고독 속에서도 외로움이나 우울에 빠지지 않습니다.

이에 반해 자신을 사랑하지 못하는 사람에게

고독은 감옥과 같은 것입니다.

주체적으로 그리고

자신에 대해 긍지를 갖고 살라고 니체는 말합니다.

초조가 세상을 뒤엎고 있다.

현대인들은 너나없이 자기 자신으로부터

달아나고 있기 때문이다.

우리는 더 이상 신분을 갖고 있지 않다! 우리는 '개인'이다!

그러나 돈은 힘이고 명예고 존엄이고 우월함이고 영향력이다.

오늘날에는 한 인간이 돈을 얼마나 소유하고 있느냐에 따라서

그 사람에 대해 크고 작은 도덕적인 편견이 만들어진다!

이 사람은 불공정한 저울을 사용하고,

저 사람은 고액의 보험을 든 후에 자기 집에 방화를 하고,

세 번째 사람은 위조지폐를 만든다.

상류사회의 4분의 3이 합법적인 사기에 몰두하고

거래와 투기에 의한 양심의 가책으로 인해 괴로워한다.

이들을 그렇게 부추기는 것은 무엇인가?

그들이 궁핍하기 때문이 아니다.

그들은 사정이 그렇게 나쁘지 않다.

그들은 먹을 것을 충분히 갖고 있다.

그들을 그렇게 부추기는 것은 돈에 대한 엄청난

욕망과 애정이고 돈이 쌓이는 속도가 너무 늦다는 초조감이다.

그것들이 그들을 밤낮으로 몰아댄다.

그들은 부를 얻지만 그 부로 인해 더욱 가난해진다.

그들은 권력을 탐내며 먼저 권력의 모루인 많은 돈을 탐낸다.

이 무능력한 자들은!

고된 노동을 사랑하고,

빠르고 새롭고 진기한 것을 추구하고 있는 자들이여.

그대들은 모두 인내심이 부족하다.

그대들의 근면은 도피다.

자기를 망각하려고 하는 의지다.

달아나라, 벗이여! 그대의 고독 속으로!

나는 그대가 독을 가진 파리들에게 마구 찔리는 것을 본다.

달아나라, 거칠고 강한 바람이 부는 곳으로!

그대의 고독 속으로 도망쳐라!

고독을 견디는 것을 누구도 배우지 않으며

누구도 추구하지도 않으며

누구도 가르치지 않는다.

가장 양심적인 사람의 경우에서조차도

"이런저런 일은 그대가 속한 사회의 미풍양속에 어긋난다"라는

느낌 앞에서는 양심의 소리가 약해진다.

자신이 교육받은 집단에 속한 사람들의 차가운 눈길과

뒤틀린 입은 가장 강한 사람조차 두려워하는 것이다.

사람들은 도대체 무엇을 두려워하는 것일까?

고립이다! 고립이라는 논거는

어떤 사람이나 대의를 위한 최고의 논거조차도 무력화한다!

우리 안에 있는 무리 본능은 그렇게 이야기한다.

허영심에 사로잡힌 인간은 자신에게 들려오는

자신에 대한 모든 좋은 평판에는 기뻐하며(그것이 자신에게 유익한지,

참인지는 전혀 문제시하지 않으면서) 또한 자신에 대한 모든

나쁜 평판에는 괴로워한다. 그는 자신에게서 터져 나오는

저 가장 오래된 복종의 본능에 따라서 이 두 평판에 굴복하며

자신이 그것들에 예속되어 있다고 느낀다.

자신에 대해 좋은 평가를 내리도록 다른 사람들을

유혹하게 만드는 것은 바로 허영심에 사로잡혀 있는 인간의

핏속에 남아 있는 '노예'이며 노예적인 교활함의 잔재다.

그러고서는 자신에 대한 좋은 평판을 자신이 불러일으킨 것이

아닌 것처럼 즉각 이러한 평판 앞에 무릎을 꿇는 사람도 노예다.

고귀한 인간이 아마도 가장 이해하기 어려운 것 중의 하나가

허영심일 것이다. 천박한 인간이라면

그것을 두 손으로 꼭 붙잡으려고 하겠지만

그는 떨쳐버리고 싶어 한다.

타인들이 우리를 있는 그대로 알기를 바라는 대신에

우리는 타인이 우리에 대해서 가능한 좋게 생각하기를 바란다.

따라서 우리는 타인이 우리에 대해서

잘못 생각하기를 원하는 것이 된다.

요컨대 우리는 자신의 유일무이함에 대해

긍지를 갖지 못하고 있다.

어떤 이는 흥미 있는 이야기나 풍부한 화제로,

어떤 이는 특이한 의상으로, 어떤 이는 넓은 인맥으로,

어떤 이는 사람들과의 관계를 단절함으로써

자신만이 주목을 받으려 한다. 그러나 이렇게

자신만이 주목받으리라고 생각하는 것은 착각이다.

자신만이 주목받을 만한 주인공이요,

다른 사람들은 관객이라고 생각하기 때문이다.

모두가 그런 생각을 하고 있으니

관객 없는 연극이 되어버리고

결국은 아무도 주목을 받지 못한다.

이웃이 말하는 것에 왜 귀를 기울이는가?

2, 3백 마일을 벗어나면 더 이상 구속력을 갖지 못하는 견해들에

자신을 얽어매는 것은 너무나 고루한 태도다.

극단적인 행위를 허영심의 발로로,

평범한 행위를 습관의 표현으로,

소인배적인 행위를 공포 때문이라고 본다면,

우리는 대체로 정확하게 판단한 것이다.

사람들이 우리를 어떻게 생각하는지에 대해서
생각하는 것은 물론이고 사람들이 우리에 대해서
무어라고 이야기하는지를 매일 듣는 것은
아무리 강한 사람이라도 파멸시키고 만다.
실로 다른 사람들은 우리에 대해 매일 판결을 내리기 위해서
우리를 살려둔다!
우리가 그들에 대해서 판결을 내리거나 아니면
내리기를 원한다면 그들은 우리를 견디지 못할 것이다!
우리가 이야기되거나 칭찬받거나 비난받거나 기대되거나
희망의 대상이 된다고 해도 거기에 귀를 기울이지 말자.
그것에 대해서 절대로 생각도 말자!

사치에 대한 욕구는 항상 깊은 정신적 빈곤에서 비롯되는 것 같다.

그것은 충실한 존재감을 갖지 못하는 자가

자신과 타인들 앞에 무언가를 연기하지 않으면 안 되는 존재에

불과하기 때문에 자기 자신을 무대장치로 둘러싸는 것과 같다.

이에 반해 풍요로운 정신을 가진 자라면

많은 고통과 궁핍을 견뎌낼 수 있으며 더 나아가

그렇게 고통스럽고 궁핍한 상황에서도 행복할 수도 있다.

자연이 우리에 대해 아무런 의견도 갖고 있지 않기 때문에
우리는 자연 속에서 그렇게 즐겁게 있을 수 있다.

# 불안과 공허를
# 극복할 수 있는 방법

오늘날 한국은 경제적인 면에서는 선진국 대열에 진입했음에도 행복도는 매우 낮습니다. 한국인들이 이렇게 불행한 것은 무엇보다도 유난히 강한 비교 의식 때문이 아닌가 합니다. 이러한 비교 의식은 한국 사회를 지배하는 물질주의와 허영심과 밀접한 연관이 있습니다.

　물론 물질적인 부만을 추구하는 풍조는 한국만의 현상이 아니고 전 세계적인 현상입니다. 니체만 해도 당시의 독일인들이 물질적인 부를 쌓는 것에만 관심이 있다고 비판하고 있습니다. 그러나 물질적인 부의 소유 정도로 사람들을 비교하고 평가하는 풍조는 오늘날의 한국 사회에서 유난히 강합니다.

　모든 것에는 장점과 단점이 있듯이 한국인의 비교 의식에도 단점뿐 아니라 장점도 있습니다. 비교 의식 때문에 우리는 남들보다 앞서기 위해 열심히 노력하고 자녀들을 교육하는 데 매진했습니다. 그 결과 한국은 단기간에 눈부신 경제 성장을 이룰 수 있었습니다. 그러나 남들과 자신을 끊임없이 비교하는 것으로 인해 한국인들은 오늘날 자신들이 누리는 물질적인 풍요에도 불구하고 그다지 행복하지 않습니다. 이는 자신보다 더 성공한 사람들은 항상 있기 마련이기 때문입니다.

　한국인들은 비교 의식도 강하지만 남들의 평가나 시선도 지나치게 의식합니다. 남들에게 그럴듯한 존재로 보이기 위해 지나치게 노력합니다. 이러한 사실은 1인당 명품 소비액이 우리나라가 가장 높다는 통계에서도 잘 나타납니다. 사람들은 이러한 사치를 통해서 자신이 부유하고 무시할 수 없는 사람이라고 인정받고 싶어 합니다.

　니체는 고귀한 인간이 가장 이해하기 어려운 것 중의 하나가 사람들 사이에서 그럴듯한 평판을 얻기 위해 안간힘을 쓰는 허영심이라고 보았습니다. 허영심에 가득찬 인간은 좋은 평판을 들을 만한 자격이 없으면서도 자신에 대해 좋은 평판을 만들어내려 합니다. 그리고 급기야는 자신이 만들어낸 이러한 좋은 평판을 믿어버립니다. 허영심에 사로잡힌 인간은 자신에 대한 모든 좋은 평판에는 기뻐하고, 나쁜 평판에는 괴로워합니다.

니체는 이러한 허영심은 일종의 노예근성에서 비롯된 것이라고 봅니다. 허영심에 사로잡혀 있는 인간이 자신에 대해 좋은 평가를 하도록 다른 사람들을 유혹하는 것은 그의 핏속에 남아 있는 '노예'라는 것입니다.

니체는 이렇게 사회나 다른 사람들의 눈치를 보는 삶을 살지 말고 '고독 속으로 달아나라'고 말합니다. 자신을 사랑하는 사람은 고독 속에서도 외로움이나 우울에 빠지지 않습니다. 이에 반해 자신을 사랑하지 못하는 사람에게 고독은 감옥과 같은 것입니다. 고독 속에서는 불안하고 공허한 자기 자신을 마주하게 되기 때문입니다. 자신을 사랑하지 못하는 사람은 이러한 자신을 견딜 수 없기에 타인에게 달려가 타인에게서 좋은 평판을 얻음으로써 그것에 의지하여 자신의 불안과 공허함을 극복하려 합니다.

물론 고독 속으로 달아나라는 니체의 말이 다른 사람들과 모든 관계를 단절하고 은둔하라는 말은 아닙니다. 그것은 '그대 자신이 되어라'는 니체의 말과 마찬가지로 사회적인 평판 따위에는 신경쓰지 말고 주체적으로 그리고 자신에 대해 긍지를 갖고 살라는 것을 의미합니다.

## 5부

함께 괴로워하기보다
함께 기뻐하라

자신에 대해서 긍지를 갖는 자, 즉 자존감이 높은 자라면,

굳이 사람들에게 값싼 동정을 베풂으로써

사람들로부터 선한 자라는 평판을 얻으려 하지 않습니다.

니체는 모든 시기심이나 질투심을 넘어서

남의 기쁨을 함께 느낄 수 있는

넉넉한 마음을 가진 사람만이

진정한 우정과 사랑을 나눌 수 있다고 봅니다.

그러한 사람들은 서로를 존중하면서

서로가 완전한 인격을 구현하도록 독려합니다.

사랑의 감정이 습격해오는 것을 경계하라!

고독한 사람일수록 앞에 있는 아무에게나 빨리 손을 내민다.

결혼할 때 우리는 자신에게 이렇게 물어야 한다.

이 사람과 노년까지 좋은 대화를 나눌 수 있을까?

이는 결혼 생활에서 일어나는 모든 일은 일시적이지만,

함께 보내는 시간 대부분은 대화하는 일과 관련되기 때문이다.

가장 좋은 친구가 되는 사람이

가장 좋은 배우자를 얻을 것이다.

좋은 결혼 생활이란

우정을 쌓을 줄 아는 재능에 달려 있기 때문이다.

《인간적인 너무나 인간적인 Menschliches, Allzumenschliches》

누구든 자신이 사랑하는 사람의 눈에 보이는 것처럼

훌륭하지는 않다는 것은 불변의 진리다.

그러나 바로 그 때문에 우리는 훌륭한 사람이 되기 위해 노력한다.

우리는 우리를 가장 사랑하는 사람들이

우리를 잘못 보는 것을 원하지 않는 것이다.

소유에 대한 갈망은 이성 간의 사랑에서 가장 분명하게 드러난다.

사랑하는 자는 자신이 열망하는 사람을

무조건 독점하고 싶어 한다. 그는 사랑하는 사람의

영혼과 육체에 대한 무조건적인 권력을 원한다.

그는 혼자서만 사랑받기를 원하고 다른 사람의 영혼 안에

최고의 대상, 가장 갈망할 만한 대상으로 존재하면서

상대방을 지배하려 한다.

이것은 하나의 귀중한 소유물, 행복, 향락으로부터

모든 세상을 배제하려는 것 이외의 아무것도 의미하지 않는다.

사물이든 인간이든 좀처럼 쉽게 소유할 수 없는 것일수록

간절하게 원하는 법이다. 그러나 일단 소유하게 되면

얼마 안 있어 지겹게 느껴지기 시작한다.

이미 소유하게 되면 낯익은 것이 되어 싫증이 나는 것이다.

그러나 사실은 자기 자신에게 싫증이 나 있는 것이다.

소유한 것이 자신의 마음에 항상 똑같은 것으로 나타나기 때문에

질리는 것이다. 다시 말해 대상에 대한 자신의 마음이

변하지 않기 때문에 흥미를 잃게 되는 것이다.

이는 결국 우리가 계속 성장하지 않으면

쉽게 싫증을 느끼게 된다는 것을 의미한다.

끊임없이 성장하는 사람은 계속해서 변하기 때문에

동일한 사물에 대해서도 전혀 싫증을 느끼지 않는다.

다음과 같은 관계가 유지될 때 다른 사람과 친구가 될 수 있다.

상대를 자신보다 존중한다. 상대를 사랑한다.

그러나 자신을 사랑하는 만큼은 아니다.

상대를 친밀하고 온화하게 대한다.

그렇지만 구속이라고 느껴질 정도로

지나친 친밀함에 빠져드는 것은 아니다.

상대와 자신을 혼동하지 않고 서로의 차이를 잘 이해해야 한다.

너에게 고통받은 친구가 있다면

그의 고뇌에 휴식처가 되도록 하라.

그러나 딱딱한 침대, 야전 침대가 되도록 하라.

그러면 너는 그에게 가장 큰 도움이 되리라.

동정Mitleiden이 아니라

함께 기뻐하는 것Mitfreude이 친구를 만든다.

시기와 자만은 친구를 잃게 만들기에 경계해야 한다.

후회 ─ 결코 후회를 허용해서는 안 된다.
후회하는 마음이 들 때, 오히려 후회는 하나의 어리석음에
또 다른 어리석음을 더하는 것이라고
즉각적으로 자신에게 말해야 한다.
만약 해로운 일을 했다면 좋은 일을 하리라고 생각하라.
그리고 자신의 행위로 인해 처벌을 받게 되었다면,
그것으로 자신이 이미 좋은 일을 하는 것이라고 생각하면서
그 벌을 감수해야 한다. 이때 우리는
타인들에게 우리가 범했던 것과 같은 어리석은 짓을 하지 않도록
경고하는 것이기 때문이다. 형벌을 받는 모든 범죄자는
자신을 인류의 은인이라고 생각해도 좋다.

어떤 사람들은 권력을 행사하고 지배욕을 실현하고픈
강렬한 욕구를 느낀다. 그런데 다른 대상이 없거나,
또는 다른 방향에서의 노력이 언제나 실패했기 때문에,
그들은 결국 자기 본성의 어떤 부분을
학대하자는 생각에 이르게 된다.

# 타인과 행복하게 살아가는 법에 대한 니체의 조언

오늘날에 선善이란 보통 가난하고 약한 자들에게 동정을 베푸는 것으로, 선한 사람은 동정심이 많은 사람으로 이해되고 있습니다. 니체는 선과 선한 사람에 대한 이러한 이해에 대해 비판적입니다. 물론 니체도 남을 도울 필요가 없다고 말하는 것은 아닙니다. 니체도 우리는 남을 도와야 하지만 남이 자립적인 인간이 될 수 있도록 도와야 한다고 말합니다. 그리고 이를 위해 우리가 해야 하는 것은 단순히 동정을 베푸는 것이 아니라 그 사람이 스스로 설 수 있도록 독려하고 채찍질하는 것이라고 봅니다. 이에 반해 우리가 흔히 하는 동정은 사실은 남을 자립적인 인간이 되도록 돕기보다는 의존적으로 만듭니다.

우리는 흔히 노숙자에게 몇 푼 던져주고 나서는 자신을 남을 돕는 선한 사람이라고 생각하는 식의 동정을 값싼 동정이라고 말합니다. 니체가 비판하는 동정은 사실은 이러한 값싼 동정입니다. 그러한 동정에는 사실은 남을 진정으로 도우려는 의도보다는 자신을 선한 사람이라고 생각하거나 남으로부터 선한 사람이라고 인정을 받으려는 의도가 숨어 있습니다. 또한 값싼 동정에는 타인의 불행을 보면서 만족을 느끼려는 저열한 심리도 작용하고 있습니다.

자신에 대해서 긍지를 갖는 자, 즉 자존감이 높은 자라면, 굳이 사람들에게 값싼 동정을 베풂으로써 사람들로부터 선한 자라는 평판을 얻으려 하지 않습니다. 이런 자들에 니체가 권하는 것은 동정이 아닌 우정입니다. 우정이란 친구들 사이에서 서로가 초인의 경지에 오르도록 서로를 자극하고 채찍질하는 것입니다. 이러한 우정은 상대방을 자신 못지않게 훌륭한 자로서 경외하는 동등한 관계에서만 가능합니다. 니체는 친구가 삶에 힘겨워하고 있을 때 우리는 친구를 위로하면서도 친구가 다시 일어설 수 있도록 친구를 엄격하게 대해야 한다고 말합니다.

니체의 이러한 우정관은 아리스토텔레스의 우정관과 유사합니다. 아리스토텔레스는 인간만이 우정을 가질 수 있다고 보았습니다. 이 경우 우정은 서로가 완전한 존재가 되도록 서로를 독려하는 것을 가리킵니다. 신은 이미 완전한 존재이기에 우정을 필요로 하지 않습니다. 그리고 동물에게는 완전성이라는 이념이 결여되어 있기에 동물은 완전을 향해 노력할 수도 없습니다. 따라서 동물에게는 우정이 존재할 수 없습니다.

　　동정을 의미하는 독일어 Mitleid은 다른 사람들의 고통을 함께 느낀다는 것을 의미합니다. 그러나 니체는 동정보다는 동락Mitfreude, 즉 다른 사람들의 기쁨을 함께 느낄 것을 권합니다. 사실 힘들어하는 사람을 보면서 불쌍하게 생각하고 동정을 느끼는 것은 쉽습니다. 그러나 기뻐하는 사람을 보면서 그의 기쁨을 함께 느끼기는 쉽지 않습니다. 우리는 보통 기뻐하는 인간을 시기하기 쉽습니다. 니체가 생각하는 고귀한 인간은 이렇듯 모든 시기심이나 질투심을 넘어서 남의 기쁨을 함께 느낄 수 있는 넉넉한 마음을 갖는 인간입니다.

　　니체는 우정을 나눌 수 있는 인간만이 결혼 생활도 성공적으로 할 수 있다고 봅니다. 이는 결혼 생활이 주로 대화로 이루어져 있기 때문입니다. 인격적인 완성을 향해서 서로 노력하는 부부만이 건설적이고 생산적인 대화도 나눌 수 있습니다. 그러나 많은 경우 이성 간의 사랑은 상대방을 소유하고 지배하려는 욕망의 형태로 나타납니다. 특히 자신의 삶에 대해 불안과 불만을 느끼는 사람들이 이런 종류의 사랑에 빠지기 쉽습니다. 이들은 사랑이라는 미명으로 상대방을 소유하고 지배함으로써 자신이 삶에서 느끼는 불안이나 불만을 해소하려고 합니다. 그러나 불안이나 불만을 대신 해소해 줄 수 있는 사람은 없기 때문에, 이는 곧 상대에 대한 싫증으로 이어집니다. 이 때문에 니체는 우정과 마찬가지로 결혼 생활도 서로가 서로를 존중하면서 완전한 인격을 갖추기 위해 노력할 때만 원만한 것이 될 수 있다고 보는 것입니다.

인생고전 라이팅북
**내 안의 고귀함을 깨워줄 니체 필사**

**초판 1쇄 인쇄**  2024년 11월 22일
**초판 1쇄 발행**  2024년 12월 4일

**엮은이**  박찬국
**펴낸이**  최순영

**출판1 본부장**  한수미
**와이즈 팀장**  장보라
**디자인**  이세호

**펴낸곳**  ㈜위즈덤하우스  **출판등록**  2000년 5월 23일 제13-1071호
**주소**  서울특별시 마포구 양화로 19 합정오피스빌딩 17층
**전화**  02) 2179-5600  **홈페이지**  www.wisdomhouse.co.kr

ⓒ 박찬국, 2024

ISBN  979-11-7171-307-3  04100
      979-11-7171-188-8  (세트)